AF459822

NOTICE

BIOGRAPHIQUE ET LITTERAIRE

SUR

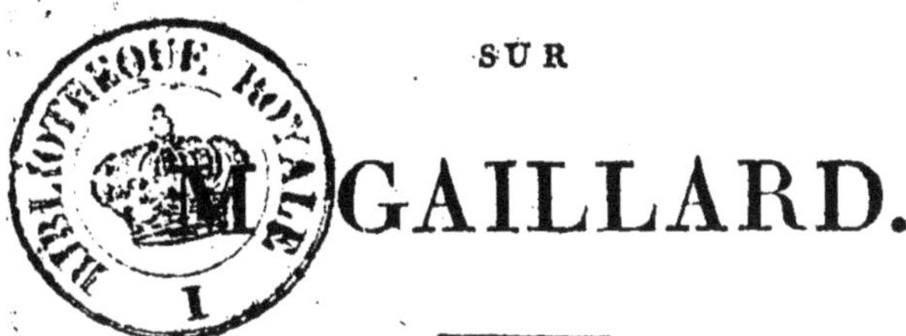

M. GAILLARD.

Monsieur Gaillard étoit un homme de bien ; tous ses contemporains l'attestent : il étoit un écrivain de mérite, toutes ses productions le prouvent. Il vécut très-long-temps, et vécut aussi heureux qu'il est donné à l'homme de l'être. Passionné pour l'étude, aimant la gloire avec modération, il employa sa vie entière à composer des ouvrages utiles, et les suffrages du public furent la récompense de tous ses travaux. Etranger à toutes les querelles qui de son temps divisoient la littérature et la société, il ne fut prôné par aucun parti ; aucun parti non plus n'entreprit de le ravaler. Ni la haine ni l'envie ne troublèrent son repos ; il auroit pu croire qu'elles n'existoient pas, puisqu'il ne les ressentit ni ne les excita jamais. Il n'en fut pas de même de l'amitié ; il en connut, il en goûta toutes les douceurs ; il fut l'ami de ses rivaux, de ses vainqueurs ; il fut, pendant plus de quarante ans, celui de M. de Malesherbes. Ce mot seul fait l'éloge d'un homme : tout ce qu'on pourroit dire ensuite de ses vertus et de son mérite, n'en seroit que l'inutile commentaire.

La vie de M. Gaillard n'offre aucun événement remarquable. Je me servirai pour lui d'une phrase qu'on a bien souvent employée, mais dont on n'aura jamais fait une plus juste application : sa vie est toute dans ses ouvrages. Il a écrit, voilà sa vie. A peine sorti de l'enfance, il fit imprimer un livre, et prit, comme il le dit lui-même, possession dans le public de l'état d'homme de lettres; dès ce moment chaque année, pour ainsi dire, vit éclore sous sa plume un nouvel ouvrage; et au bout d'une existence de quatre-vingts ans, et d'une carrière littéraire de soixante, la mort le surprit mettant la dernière main au recueil de ses divers opuscules. Quelle place les événemens auroient-ils pu trouver dans une vie ainsi remplie ?

Gabriel-Henri Gaillard naquit le 26 mars 1726, à Ostel, village de l'ancien diocèse de Soissons. Il eut le bonheur de connoître fort jeune M. Trudaine, évêque de Senlis, que je ne veux point priver ici de l'honorable témoignage qu'il lui rend quelque part. « L'aménité » parfaite de ce prélat, dit-il, retraçoit celle » des Fénélon et des Bussy-Rabutin (évêque » de Luçon), et les charmes de sa société l'a» voient fait mettre au rang de ces hommes » privilégiés qu'on appela quelque temps dans » le monde *les dieux de la bonne compagnie.* » Son indulgente vieillesse daigna m'accueillir

» au sortir de l'enfance; il se fit un plaisir de » m'introduire sous ses auspices dans ce monde » où il avoit long-temps su plaire, et d'où il » alloit sitôt sortir ». Ce fut par cet aimable prélat que M. Gaillard eut accès dans la maison du chancelier Lamoignon, où il contracta avec M. de Malesherbes, son fils, cette amitié qui fit long-temps la gloire et le charme de sa vie.

En 1745, à l'âge de dix-neuf ans, il publia son premier ouvrage, *la Rhétorique françoise à l'usage des Demoiselles*. Il a remarqué lui-même, comme une singularité, que ce livre est de tous ses ouvrages celui dont le débit a été le plus fort (ce sont ses termes), et dont il s'est fait le plus d'éditions. Il fait honneur de ce succès à des *considérations particulières*. « Car d'ailleurs, dit-il, ce n'étoit et ce ne pou» voit être que l'ouvrage d'un écolier ». C'étoit au moins celui d'un écolier qui avoit du savoir et du goût. Comme de tous les livres, les livres d'éducation, quand ils sont bons, sont ceux dont il se fait, pour ainsi dire, le plus de consommation, la *Rhétorique des Demoiselles* a dû être et a été en effet réimprimée un nombre infini de fois. Voilà peut-être ce que l'auteur appeloit modestement des *considérations particulières*.

Le grand succès de cet ouvrage l'engagea à en publier, quatre ans après (en 1749), un autre du même genre, sous le titre de *Poétique françoise à l'usage des Dames*. Celui-ci n'avoit pas tout-à-fait la même utilité; il n'eut pas à beaucoup près la même réussite.

L'année suivante (en 1750), M. Gaillard

fit paroître un *Parallèle des quatre Electres*, savoir : les *Electres* de Sophocle, d'Euripide et de Crébillon, et l'*Oreste* de Voltair qu'on venoit de représenter. Cet opuscul dénota un littérateur instruit, un critique sc lide, judicieux, impartial et poli.

L'auteur confirma le public dans cette opinion, lorsqu'il lui donna, en 1756, un petit vo lume intitulé : *Mélanges littéraires*, dans le quel se trouvoient réunis des morceaux de pros et des pièces de vers sur différens sujets. L *Lettre sur l'Epopée françoise* fut distingué et depuis on en a orné plusieurs recueils.

M. Gaillard s'ouvrit bientôt une nouvel carrière, celle de l'histoire. Comme elle ne l fit point abandonner celle de la littérature pr prement dite, et qu'il passa alternativemen de l'une à l'autre, je ne crois point devoir, da la revue que je fais ici de ses divers écrit m'astreindre entièrement à l'ordre chronolo gique qui seroit un véritable désordre ; il n semble préférable, à tous égards, de rapproch les productions de même nature. M. Gailla ayant débuté par les ouvrages de pure littéra ture dont je viens de parler, je vais continu à faire mention de tous ceux de ses écrits q appartiennent à ce genre.

Il en avoit déjà publié plusieurs, au mome où l'Académie françoise substitua l'éloge d grands hommes de la nation, à ces insipid lieux-communs de morale qu'elle avoit jusqu là proposés pour sujets du prix d'éloquenc Cette heureuse innovation donna aux concou académiques un intérêt et un éclat qu'ils n'a voient jamais eu. La palme de l'éloquence tentoit alors tous les jeunes écrivains, en leur promettant un commencement de renommée. Thomas avoit déjà établi solidement la sienne par quatre victoires consécutives. M. Gaillard se mit sur les rangs. A la fin de sa longue carrière, il a jeté un regard de complaisance sur cette époque de sa vie; il a retracé l'histoire de ses combats, de ses succès et de ses défaites. Il faut l'entendre lui-même. « J'avois alors pour » concurrens, dit-il, les Thomas, les La Harpe, » les Chamfort, les Delille, les Bailly, etc., »

Si quæritis hujus
Fortunam pugnæ, non sum superatus ab illis.
Metam. lib. 13.

» C'est-à-dire, qu'on me vit, tantôt seul vain» queur, tantôt partageant la victoire, tantôt » vaincu, mais, dans ma défaite, me tenant » toujours à côté du vainqueur, et le tenant » toujours en haleine. J'étois alors dans la force » de l'âge ». Ce langage est touchant. Ne semble-t-il pas entendre le vieil Entelle rappelant ses travaux passés, et nommant avec un noble orgueil ses antiques rivaux de jeunesse et de gloire?

M. Gaillard osa lutter pour l'*Eloge de Descartes* avec ce Thomas qu'on regardoit comme invincible Il partagea le prix avec lui. Il a avoué depuis que Thomas méritoit de l'avoir seul. Cette décision est juste; mais il a une bien noble modestie à l'avoir portée soi-même.

Celui qui avoit prononcé avec tant de candeur contre sa propre gloire, avoit bien acqui le droit de réclamer contre un autre jugemen qui lui avoit été moins favorable. M. Gaillar a usé de ce droit. Un anonyme avoit fait le fonds pour une médaille d'or destinée à celu qui, au jugement de l'Académie françoise auroit le mieux traité le sujet suivant : *Expose les avantages de la paix, inspirer de l'horreu pour les ravages de la guerre, et inviter toute les nations à se réunir pour assurer la tran quillité générale.* L'Académie adjugea le pri à La Harpe, en témoignant le regret de n'e avoir pas un second à donner. Alors un nouve anonyme fit les frais de ce second prix, qui fu décerné à M. Gaillard. Celui-ci a prétendu qu pour cette fois le premier prix lui étoit dû Cette opinion fut dans le temps celle de beau coup de gens de lettres, et notamment de Du clos, qui s'en expliquoit avec cette franchis brusque qu'on lui a connue. Quand on a lu le deux discours, on ne peut guère s'empêche de partager le sentiment de Duclos et d M. Gaillard.

M. Gaillard concourut encore avec La Harp pour l'*Eloge de Charles V*, et n'obtint pa même de mention. Il n'a point appelé de ce si lence peu flatteur; il l'a même imité, en n faisant point réimprimer son discours dans s *Mélanges academiques, poétiques, litte raires*, etc.

Il fut plus heureux dans sa lutte ave Chamfort pour l'*Eloge de Molière* : il obti l'*accessit.*

Les Académies de province n'avoient poi

tardé à imiter l'Académie françoise dans le choix de leurs sujets de prix, et les écrivains que celle-ci avoit couronnés, ne dédaignoient point les palmes que celles-là leur offroient. L'Académie de Rouen, patrie du grand Corneille, proposa son éloge. M. Gaillard eut le prix; le célèbre et malheureux Bailly l'*accessit*.

M. Dupaty, avocat-général au parlement de Bordeaux, qui étoit né à la Rochelle, avoit fait frapper exprès une médaille unique en or, valant 600 livres, pour celui qui, au jugement de l'Académie de cette ville, loueroit le mieux Henri IV, *le bien bon ami des Rochelois.* (Henri IV s'étoit donné à lui-même ce titre). Ce sujet si beau, ce prix dont la singularité rehaussoit encore la valeur, avoient attiré une foule de concurrens. La Harpe s'étoit réservé la Rochelle dans ce partage de la France académique qu'il avoit fait avec Chamfort, à l'imitation du partage de l'univers entre les triumvirs (1). Il composa son discours, et, après l'avoir envoyé, il en fit de fréquentes lectures dans les sociétés les plus nombreuses de Paris. On lui décernoit d'avance le prix, et lui-même, sans doute, se l'adjugeoit déjà. Il n'obtint que l'*accessit.* M. Gaillard, qui eut le prix, donne modestement à entendre que l'Académie de la Rochelle punit ainsi La Harpe d'avoir, par une indiscrète divulgation de son ouvrage, violé la loi académique qui défend aux concurrens de se faire connoître avant le jugement. Il est très-beau à M. Gaillard d'avoir insinué cette obligeante supposition ; mais La Harpe avoit

(1) Ce *partage* est un fait, une anecdote véritable.

mérité tant de générosité, lorsqu'il étoit venu avec empressement donner à son rival heureux la première nouvelle du jugement qui le couronnoit. Il est fâcheux que de pareils traits soient si rares.

M. Gaillard remporta, à l'Académie de Marseille, un prix dont le sujet étoit l'*Eloge de Massillon*. On lui attribue un *Eloge de La Fontaine*, qui eut l'*accessit* à cette même Académie, lorsque celui de Chamfort y eut le prix. Son *Eloge de Bayard*, pour l'Académie de Dijon, n'obtint également que l'*accessit*.

M. Gaillard, qui n'avoit ni l'imagination, ni le coloris, ni même l'oreille d'un poëte, n'en voulut pas moins, à l'exemple de La Harpe et de Chamfort, joindre les palmes de la poésie à celles de l'éloquence, et il réussit assez dans ce projet pour qu'on ne le blâme point trop de l'avoir formé. Au reste, toutes les circonstances le secondoient. L'étendue des pièces de vers étoit limitée; et cette limite étroite, souvent peu favorable au développement d'un vrai talent poétique, devenoit avantageuse à l'écrivain qui, ne tenant point ce talent de la nature, étoit, pour ainsi dire, obligé de le contrefaire à force d'esprit et d'art. Ensuite les sujets étoient au choix des concurrens; cette faculté, qui tendoit en apparence à mettre le plus d'égalité possible entre tous les rivaux, tournoit réellement au désavantage des véritables poëtes : dans un sujet donné, la supériorité de leur exécution eût éclaté davantage par la comparaison; ils l'eussent, en quelque sorte, emporté de haute lutte sur les autres; mais ayant à choisir leurs sujets, ils pouvoient les choisir mal, et par cette unique faute perdre tout l'avantage de leur talent; tandis que de foibles adversaires, doués de cette adresse que souvent la foiblesse oppose avec tant de succès à la force, pouvoient de leur côté choisir des sujets plus analogues, soit à la tournure de leur esprit, soit au goût, aux opinions de leurs juges, et par ce seul mérite usurper la victoire sur ceux qui y avoient des droits réels. Enfin, à l'époque où M. Gaillard aspiroit à des triomphes poétiques, il existoit contre la poésie, on ne peut se le dissimuler, une sorte de conspiration, dont les chefs étoient ceux mêmes de l'Académie. Ces académiciens, héritiers de la doctrine de Fontenelle et de La Motte, dont ils surpassoient peut-être les erreurs, ne pouvant tout-à-fait anéantir la poésie que défendoient encore contr'eux le goût du public et les chefs-d'œuvres de Voltaire, faisoient au moins tous leurs efforts pour la dépouiller de ses images, et la réduire à ce qu'ils appeloient la *pensée ;* ils vouloient qu'aux vives peintures de la nature et du cœur humain elle substituât les raisonnemens de la philosophie et même de la métaphysique. On sent combien un tel système étoit favorable aux écrivains privés de ce don d'inspiration, de cette organisation délicate, qui constituent le poëte, mais doués en revanche de cet esprit réfléchi, de cette raison calme et éclairée qui font le penseur. Aussi l'époque que je retrace, fut-elle le règne des poëmes philosophiques, productions pâles et froides dont les auteurs n'avoient pas, comme Voltaire, l'art de marier aux sentences de la morale, les images de l poésie et les traits du sentiment. C'étoit dans c genre que, par goût ou par imitation, s'exer çoient presque tous ceux qui prétendoient au palmes académiques. Quant à M. Gaillard plus sensible encore que raisonneur, il chois presque toujours des sujets où, à défaut de verv poétique, son âme pût inspirer son talen *La Nécessité d'aimer; Epître aux Malheu reux; Doit-on pleurer à la mort des Obje qu'on aime? Contre les Mariages d'inclina tion;* tels sont les titres des poëmes qu'il en voya aux concours de l'Académie françoise. Le deux premiers et le dernier obtinrent l'*accessi* le troisième, envoyé au même concours que second, fut mentionné honorablement. L'un des plus célèbres Académies de province, cel de Marseille, couronna son ode, intitulée : *Le Volcans*, et, dans la même séance, donn l'*accessit* à un autre poëme dont il étoit aus l'auteur, et qui avoit pour titre : *Régulus dan le Senat.* Je ne puis résister à l'envie de cite un passage de l'*Epître aux Malheureux*, qu prouvera, je crois, qu'avec de la sensibilit dans l'âme, et de l'élégance dans le style, u homme peut, sans être poëte, écrire de suit plusieurs vers heureux.

Mes maux du sort barbare ont épuisé la rage ;
J'ai vu, j'ai vu périr au printemps de son âge
Le chef-d'œuvre des Dieux et l'honneur des mortels.
L'amour dans tous les cœurs lui devoit des autels.
Son moindre charme, hélas ! fut d'être la plus belle ;
Les grâces ! ... ah ! ce mot, on l'eût créé pour elle.
Un air qu'on n'eut jamais, et qu'on cherche toujours,

L'art piquant d'irriter, d'enchaîner les amours,
L'art brillant de parler, l'art prudent de se taire,
L'art de n'en avoir point (est-il d'autre art de plaire ?) ;
Nul mortel n'eût été digne de l'enflammer ;
Mais son cœur indulgent étoit digne d'aimer.
Réglé dans tous ses vœux par un grand caractère,
(La vertu l'ordonnoit), il fut ferme et sévère ;
Mais que son amitié, plus tendre chaque jour,
Savoit bien imiter et remplacer l'amour !
Amans, le croirez-vous ! non, la volupté même
N'a point ces traits touchans, cette douceur suprême.
Voilà ce que j'aimois, et ce que j'ai perdu,
Voilà ce qui jamais ne me sera rendu ;
Et je n'ai pu mourir de ma douleur profonde !
Et le ciel me condamne à rester dans ce monde,
Où tu fus malheureuse, où l'on dut t'adorer,
Où tu n'as fait qu'aimer, que plaire et que pleurer,
Où tu n'es plus, hélas ! où déjà l'on t'oublie,
Où chaque instant détruit ton image affoiblie !
Ah ! mon cœur la conserve, oui, l'amour dans mon cœur
Te venge de la mort et du temps destructeur.

C'est encore dans une pièce de M. Gaillard qu'on trouve ce vers :

Le chef-d'œuvre d'amour est le cœur d'une mère.

Expression assez belle pour avoir tenté quelques personnes qui s'en sont emparées en la changeant un peu. Je parlerai tout de suite ici des autres poésies de M. Gaillard, dont la mention ne pourroit trouver place ailleurs. Ces poésies sont en petit nombre : ce sont les délassemens, les fantaisies d'un littérateur qui faisoit de temps en temps quelques vers, sans autre prétention que de s'amuser lui-même ; elles consistent principalement en traductions et imitations libres de quelques passages de Virgile, d'Horace, d'Ovide, et d'autres poëtes latins, tant anciens que modernes.

En 1760, l'Académie des Inscriptions et Belles-Lettres avoit reçu dans son sein M. Gaillard, déjà auteur de l'*Histoire de Marie de Bourgogne*, et de plusieurs ouvrages de critique et de littérature. En 1771, l'Académie françoise l'admit en remplacement de l'abbé Alary. Il avoit alors donné l'*Histoire de François Ier*., et l'on pouvoit avoir connoissance des 3 premiers vol. de l'*Histoire de la Rivalité de la France et de l'Angleterre*, qui parurent cette même année. Il s'étoit d'ailleurs, comme on vient de le voir, signalé assez souvent dans les concours académiques, pour mériter de prendre place parmi les juges. Il choisit pour sujet de son discours de réception, la protection des rois encourageant la liberté littéraire, depuis Charlemagne jusqu'à Louis XIV inclusivement. Il ne fit qu'ébaucher ce sujet, ainsi qu'il l'avoue lui-même; mais l'homme savant en histoire se fit reconnoître à l'exactitude des recherches et des citations. M. Gaillard, en qualité de directeur de l'Académie, complimenta Louis XVI à l'occasion de son sacre. Il reçut, en la même qualité, M. le duc d'Harcourt, élu à la place du maréchal de Richelieu. Il lut, dans une séance publique de l'Académie, une *Histoire abrégée de l'Esclavage et de la Servitude*, au sujet de l'abolition de la servitude dans les domaines du roi; et il avoit composé, pour la séance où fut reçu l'abbé Barthélemy, un discours sur la *Fraternité des Corps littéraires*, que différentes circonstances l'empêchèrent de lire. La Harpe, dans sa *Correspondance littéraire*, nous a conservé le souvenir d'une scène scandaleuse dont M. Gaillard fut la cause et la victime, le jour de la réception de M. l'abbé Maury. Il avoit commencé la lecture d'un morceau sur Démosthènes. Il n'en avoit pas encore lu deux pages, que les murmures, les risées, les huées en vinrent au point de l'interrompre absolument. Il se trouva mal : on fut obligé de le conduire hors de la salle, et on leva la séance. Suivant M. de La Harpe, ce morceau sur Démosthènes n'étoit guère qu'une composition de collége, au ridicule de laquelle ajoutoit beaucoup le débit de l'auteur, qui étoit un peu celui d'un régent dans sa classe. Fallût-il prendre à la lettre ce jugement, qui pourroit au moins être exprimé en termes plus réservés, moins caustiques, on ne sauroit s'empêcher d'être révolté de la manière indécente dont un public superficiel et inconsidéré traita alors un écrivain respectable par son âge et par ses lumières, qui n'aspiroit qu'à lui plaire, ou du moins à l'instruire.

Pour terminer ici la vie académique de M. Gaillard, je dirai qu'en l'an 4, lors de la fondation de l'Institut national, il fut élu membre de la deuxième classe, division de l'histoire, et qu'en dernier lieu, lorsque ce corps savant fut organisé de nouveau et partagé en quatre classes, il fut placé dans celle d'histoire et de littérature ancienne, répondant à la ci-devant Académie des Inscriptions et Belles-Lettres. Vers la fin de sa vie, il se glorifioit

(car de quoi ne se glorifie-t-on pas ? disoit-il lui-même à ce sujet), il se glorifioit d'être, et depuis long-temps, le doyen de cette Académie, et le troisième plus ancien membre de l'Académie françoise.

Le plus ancien des journaux en France, le *Journal des Savans*, étoit sous la protection du chancelier, qui en choisissoit les auteurs, et présidoit les assemblées que ceux-ci tenoient chaque mois M. de Malesherbes en eut la direction pendant treize ans, sous son père, M. le chancelier de Lamoignon ; c'est dire assez que M. Gaillard fut appelé à y coopérer. Il y travailla depuis 1752 jusqu'en 1792 ; il étoit chargé de la littérature agréable, de la poésie et de l'histoire. Il travailla aussi au *Mercure de France*, depuis 1780 jusqu'en 1789.

Dans un temps où les journaux littéraires sont l'arène des plus scandaleux débats, où ils sont remplis souvent de personnalités odieuses, d'invectives grossières, ou tout au moins de railleries injustes et cruelles, il peut être intéressant de connoître sur ce genre d'écrits l'opinion d'un honnête homme et d'un bon esprit qui s'en est occupé lui-même pendant quarante ans. Il se plaignoit déjà de ce que de son temps « la louange et le blâme étoient » devenus, chez quelques-uns des journalistes, » non-seulement une affaire de passion et de » parti, mais encore un objet d'intérêt et de » commerce » Que diroit-il donc aujourd'hui ? « Un précis fidèle, ajoute-t-il, un compte » exact d'après lequel on puisse juger du besoin » qu'on a de l'ouvrage, et du degré d'instruc-

» tion ou de plaisir qu'on peut s'en promettre, » voilà ce qu'on demande à un journaliste....... » Juger ses contemporains, ses rivaux, ses » égaux, quelquefois ses supérieurs, trop » souvent ses ennemis, n'est pas un emploi qui » doive être abandonné indistinctement à tout » le monde. Il importe qu'un journal ne soit » pas une arme dans la main d'un méchant ou » d'un envieux; il importe que ce ministère » soit exercé avec justice, ou au moins avec » décence . .. Dans la plupart de nos critiques, » nous paroissons craindre que la malignité ne » perce pas assez. Les moins injustes ont encore » de quoi blesser l'auteur, au moins par le » ton ». Celui qui pensoit, qui s'exprimoit ainsi, n'eut jamais à se reprocher d'avoir enfreint ses propres règles. L'indulgence, l'aménité, la bienveillance caractérisèrent toujours sa critique.

Le zèle de l'amitié fit descendre M Gaillard aux fonctions modestes d'éditeur. En 1779, quatre ans après la mort de de Belloi, avec qui il avoit été fort lié, il rendit, en quelque sorte, les derniers devoirs à sa mémoire, en donnant une édition complète de ses œuvres. Il mit en tête une vie de l'auteur, et accompagna chaque pièce de dissertations et de remarques, qui furent trouvées trop nombreuses, et surtout trop longues. C'étoit le défaut de presque toutes les productions de cet estimable écrivain, que d'excéder un peu la mesure indiquée par le sujet. Mais ce défaut n'avoit point pour cause la prolixité, la diffusion du style; il provenoit d'une surabondance de citations historiques et littéraires. Doué d'une mémoire prodigieuse qu'il conserva jusqu'à son dernier moment, ayant tout lu, tout retenu dans les genres de littérature auxquels il s'étoit livré, riche d'une infinité de souvenirs sur les hommes et les choses, puisés pendant une longue vie dans la fréquentation des personnes les plus instruites, M. Gaillard cédoit trop facilement au plaisir de citer, soit une anecdote, soit un passage: « Au contraire de beaucoup d'autres, a dit un » littérateur qui l'a bien jugé (M. Lacretelle » aîné), son esprit riche et facile sembloit quel» quefois trop se refuser à se faire valoir par » soi-seul ».

A l'âge de près de quatre - vingts ans, M. Gaillard s'occupa de publier ses *Mélanges académiques*, *poétiques*, *littéraires*, *philologiques*, *critiques et historiques*. Ce recueil étoit prêt à paroître, lorsqu'il mourut; il parut peu de mois après sa mort. Des quatre vol. qui le composent, le premier renferme les ouvrages en prose et en vers envoyés aux concours académiques, les discours prononcés à l'Académie françoise, et quelques poésies. Les trois autres contiennent des articles de critique littéraire, dont la plupart sont extraits du *Journal des Savans*. Une partie du quatrième offre le relevé des fautes de tout genre que l'auteur avoit remarquées dans un grand nombre d'ouvrages historiques. Comme il est peu de livres où les erreurs tirent plus à conséquence que dans les livres d'histoire, ceux qui s'appliquent à cette science ne pourront manquer de faire un grand profit de l'espèce d'*errata* que M. Gaillard leur a laissé.

J'ai considéré dans M. Gaillard, le littérateur, le critique, l'orateur, le poëte et l'académicien : il me reste à l'envisager comme historien ; de toutes les parties qui composent son existence littéraire, c'est là, sans comparaison, la plus importante et la plus glorieuse.

Son premier ouvrage historique fut l'*Histoire de Marie de Bourgogne, fille de Charles-le-Téméraire, femme de Maximilien, premier archiduc d'Autriche, depuis empereur.* Au premier coup d'œil on pourroit être surpris du choix d'un pareil sujet. Marie de Bourgogne n'est point un de ces personnages fameux qui ont eu sur leur siècle une grande influence individuelle, et qui, se détachant de la foule des figures qui les environnent par des traits singuliers ou fortement prononcés, offrent au talent du peintre l'espoir d'un portrait piquant et animé. Marie de Bourgogne fut une jeune princesse remplie, dit M. Gaillard lui-même, de vertus paisibles et touchantes qui la rendirent plus aimable que célèbre, et qui mourut à l'âge de vingt-cinq ans, sans être montée au trône où son époux se vit appeler. Mais Charles, dont elle étoit la fille unique, étoit mort sans avoir pourvu à son établissement, et l'avoit laissée héritière de nombreuses et riches provinces; ses sujets avoient disposé de sa main en faveur de Maximilien ; et ce mariage, en faisant passer les Pays-Bas dans la maison d'Autriche, étoit devenu la source de ces guerres presque continuelles qui, pendant deux siècles, ont mis aux mains cette maison et celle de France (1). M. Gaillard eut donc moins en vue d'écrire l'histoire propre de Marie de Bourgogne, que de retracer un événement politique qui avoit eu pour résultat l'une des plus longues et des plus sanglantes querelles dont les annales de l'Europe moderne fassent mention. Cet ouvrage auroit été le fondement de l'histoire de la rivalité de la France et de l'Autriche, si l'auteur se fût déterminé à l'écrire, comme on l'y a invité plusieurs fois depuis. L'*Histoire de Marie de Bourgogne*, publiée en 1757, sans nom d'auteur, fut louée dans les journaux littéraires du temps, et obtint dans le monde un assez grand succès. Elle a été réimprimée à Bruxelles, en 1784, avec une préface historique et critique du nouvel éditeur.

En 1766, M. Gaillard donna au public les quatre premiers volumes de son *Histoire de François Ier.*, et trois ans après il fit paroître les trois derniers. Il adopta pour cet ouvrage un plan qui donna lieu dans le temps à quelques discussions, et sur les avantages duquel on n'est pas encore tout-à-fait d'accord aujourd'hui. Au lieu de suivre l'ordre chronologique, c'est-à-dire, de mêler et d'entrelacer dans son récit les événemens de nature diverse, comme ils s'étoient unis et croisés dans la réalité, il jugea à propos de séparer les matières, et de traiter

(1) Louis XV, étant à Bruges en 1745, dit, en voyant les mausolées de Charles-le-Téméraire et de Marie de Bourgogne: *Voilà le berceau de toutes nos guerres.*

chacune d'elles sous un titre particulier, ayant soin toutefois d'établir entr'elles une sorte de concordance chronologique, et surtout de faire voir l'influence qu'elles pouvoient avoir eue les unes sur les autres. Ainsi il divisa le tableau du règne de François Ier., en histoire civile, politique, militaire, ecclésiastique et littéraire; il y ajouta celle de la vie privée du monarque, et termina le tout par des anecdotes détachées qui n'avoient pu trouver place dans l'arrangement général des matières. Les partisans du système chronologique allèguent principalement, en faveur de ce système, la difficulté, et par conséquent le mérite qu'il y a pour un historien à mêler sans confusion des faits différens, mais simultanés, en un mot, à former un tissu net et élégant de cent fils toujours prêts à se brouiller. Il est impossible de nier cette difficulté et ce mérite. Mais n'y attache-t-on pas trop d'importance? Et si la méthode contraire conduit plus aisément et plus sûrement au but de toute histoire, qui est de placer les faits, leurs causes et leurs résultats dans la mémoire des lecteurs, ne doit-elle pas être préférée? Quelque talent qu'un historien mette à faire marcher de front le récit de plusieurs événemens, à quitter celui-ci pour prendre celui-là qu'il quitte à son tour pour reprendre l'autre, avec quelque art enfin que se rappellent et se rattachent entr'elles ces différentes portions d'une même série de faits plusieurs fois interrompue, il y a toujours à chaque fois, pour la mémoire du lecteur, un effort, et, si je l'ose dire ainsi, une saccade plus ou moins contraire à l'action d'embrasser et de retenir les choses. A la vérité les anciens, nos modèles dans tous les genres importans, n'ont point pratiqué dans leurs histoires générales ni particulières, cette division des objets selon leurs différentes natures; mais plusieurs modernes l'avoient employée avec succès avant que M. Gailiard en fît usage; et, malgré les objections qu'on renouvela contr'elle à son sujet, les avantages lui en restèrent tellement démontrés, qu'il l'appliqua encore dans la suite à son *Histoire de Charlemagne.*

C'est aussi une invention des modernes, un fruit de leur esprit de méthode, que ces introductions qui précèdent les histoires, sorte d'ouvrages à part, et quelquefois d'une assez grande étendue, qui pourroient presque subsister seuls par eux-mêmes, mais dont la connoissance est nécessaire pour lire avec facilité et profit les histoires auxquelles elles servent, pour ainsi dire, de base. Le siècle dernier a produit en ce genre plusieurs chefs-d'œuvres, à côté desquels se placent avec honneur les introductions que M. Gaillard a mises en tête de ses histoires de peuples et de grands personnages.

Je n'entrerai point dans un examen particulier de l'*Histoire de François Ier*. On sait que le règne de ce prince fut un des plus éclatans de la monarchie un des plus féconds en grands événemens. La concurrence de François Ier. et de Charles-Quint pour l'Empire, la guerre longue et à peine interrompue que ces deux rivaux de puissance et de renommée se firent en Espagne, en Italie, en France et dans les Pays-Bas, l'affaire du Concordat et celle de l'Indult, l'origine du Luthéranisme, la renaissance des lettres et des arts, tous ces grands objets offroient la matière la plus riche et la plus brillante à l'écrivain digne de les traiter; et l'on rendit généralement à M. Gaillard cette justice, qu'il n'étoit point resté au-dessous d'un si beau sujet.

Dans l'*Histoire de Marie de Bourgogne*, M. Gaillard avoit développé le principe de la rivalité de la France et de l'Autriche; dans l'*Histoire de François Ier.*, il avoit décrit l'époque la plus intéressante de cette même rivalité: il lui restoit à retracer en entier la rivalité des deux nations de l'Europe qui ont eu l'une contre l'autre la haine la plus vive et la plus opiniâtre. C'est ce qu'il entreprit dans son *Histoire de la Rivalité de la France et de l'Angleterre*. Qu'on ajoute à ces ouvrages l'*Histoire de la Rivalité de la France et de l'Espagne*, dont je parlerai bientôt, et l'on sera tenté de dire que M. Gaillard a été parmi nous l'historien des *Rivalités*. En effet, c'est un genre nouveau, en quelque sorte une combinaison nouvelle de la matière historique, dont l'invention lui appartient, et dont il a laissé d'excellens modèles. Qu'on ne croie pas qu'en imaginant de décrire ces luttes de deux grands peuples ou de deux grands rois, il ait consulté seulement les intérêts de son talent, qu'il n'ait vu que de beaux sujets d'histoire dans ces perpétuels combats de puissance, de gloire et de richesse. M. Gaillard s'élevoit à de plus nobles considérations. Ce que je vais dire, suspect partout d'exagération peu sincère ou de crédulité ridicule, le sera principalement dans cette notice, mais n'en sera pas moins exact, moins vrai aux yeux de quiconque aura connu l'âme sensible et philanthrope de M. Gaillard. Qu'on me pardonne cette expression qui rend ma pensée, M. Gaillard fit toute sa vie la guerre contre la guerre. Elle ne lui paroissoit pas seulement un fléau affreux pour l'humanité; elle lui sembloit encore une chose absurde, que l'atrocité seule empêchoit de trouver ridicule. Il pensoit que presque toutes les guerres, ou n'ont point de causes raisonnables, ou n'en ont que d'odieuses; qu'elles sont également désastreuses pour les vainqueurs et pour les vaincus; qu'après bien de l'or dépensé, bien du sang répandu, bien des crimes commis, ou l'on se retrouve à peu près au point d'où l'on étoit parti, ou bien l'on n'a obtenu qu'un avantage précaire, qu'une possession mal assurée, source certaine de nouvelles hostilités et de nouveaux malheurs. Il sembloit qu'il eût traité un sujet de son choix, en composant pour le concours de l'Académie françoise son discours sur *les malheurs de la guerre et les avantages de la paix*. En lisant ce discours, on sent que l'auteur n'a pas écrit un lieu-commun pour obtenir une médaille d'or et quelques applaudissemens : on souscrit pleinement à la justice qu'il s'est rendue lui-même, lorsqu'il a dit : « Ce discours abonde en traits de sentiment » et d'énergie qui annoncent un cœur pénétré » de l'intérêt de son sujet et enflammé de l'amour » du genre humain». C'est donc ce même amour du genre humain qui lui a inspiré le dessein de tous ses ouvrages historiques. En peignant des monarques belliqueux, il a voulu prouver l'injustice, le malheur et l'inutilité des conquêtes; en peignant des nations rivales, sans cesse acharnées l'une contre l'autre, il a voulu, comme il le dit lui-même, « éteindre les haines » nationales, et désabuser les hommes de la » guerre. Si cette entreprise est une folie, » ajoute-t-il, c'est une folie douce et humaine » qui combat une folie cruelle ».

Les trois premiers volumes de l'*Histoire de la Rivalité de la France et de l'Angleterre* parurent en 1771, les quatre volumes suivans en 1774, et les quatre derniers en 1777. En tête de cette histoire est une *Introduction*, où l'auteur décrit rapidement les principaux événemens qui, chez les deux peuples, précédèrent l'époque où commença leur rivalité. Cette époque est la conquête de l'Angleterre par Guillaume-le-Bâtard, duc de Normandie; et le premier acte de cette rivalité haineuse qui ne devoit jamais cesser, fut la guerre entre Guillaume et Philippe Ier., roi de France. La première partie de l'ouvrage comprend l'histoire de toutes les guerres et de toutes les négociations qui eurent lieu entre les deux nations, jusqu'à l'époque où la race masculine de Philippe-le-Bel étant éteinte, la couronne de France passa sur la tête de Philippe de Valois, et fut disputée par Edouard III, roi d'Angleterre, petit-fils de Philippe-le-Bel, par Isabelle, sa mère. Dans ce période de plus de deux siècles et demi de crimes et de malheurs, quelques règnes, plus brillans que fortunés, arrêtent les regards, ceux de Henri II et de Richard-Cœur-de-Lion en Angleterre, ceux de Philippe-Auguste et de Saint-Louis en France. L'auteur les retrace avec intérêt et chaleur. La forme du gouvernement ayant une influence marquée sur le caractère et la destinée des peuples, il croit de son sujet d'expliquer les divers changemens que subit la constitution des deux pays. Il montre par quelle suite d'événemens l'Angleterre obtint cette Grande Charte qui est le fondement de sa liberté et de sa puissance. « En » Angleterre, dit-il, c'étoit le roi qui étoit ty- » ran; les grands devoient s'unir contre lui avec » le peuple. En France, c'étoient les grands qui » avoient été tyrans et qui l'étoient encore; le » peuple devoit s'unir contr'eux avec le roi ». Ce rapprochement est aussi juste qu'ingénieux.

Une discussion sur la loi salique sert d'introduction à la seconde partie de l'ouvrage, et établit la légitimité des droits de Philippe de Valois dans sa querelle avec Edouard III; querelle qui, continuée entre les successeurs de ces deux princes durant deux cent trente années, se termina sous Henri II, par la reprise de Calais qu'Edouard avoit enlevé à Philippe. Dans ce second période, il ne s'agissoit pas seulement, comme dans le premier, de quelques provinces françoises; il s'agissoit de toute la France. Plus d'une fois les Anglois en furent presque entièrement maîtres : un de leurs rois, Henri V, fut déclaré régent et héritier du royaume. Les François perdirent successivement les funestes batailles de Crécy, de Poitiers, d'Azincourt et

de

de Verneuil. « Aussi, dit le président Hénault, » la France n'a guère eu de temps plus mal- » heureux que celui où régna la branche des » Valois ». Quelques événemens mémorables, tels que le dévouement des six bourgeois de Calais et la mission de la Pucelle, quelques personnages célèbres, tels que Charles V, le Prince-Noir, du Guesclin et Dunois, délassent la plume de l'historien et l'âme du lecteur, fatiguées du récit monotone de tant de fautes et de désastres accumulés. Aux règnes calamiteux et tristes des premiers des Valois, succèdent les règnes quelquefois aussi malheureux, mais du moins plus intéressans, plus riches en hauts faits et en grands hommes, les règnes de Louis XI, de Louis XII, de François Ier. et de Henri II. Pendant ces règnes, les hostilités entre la France et l'Angleterre, sans cesser tout-à-fait, se ralentirent du moins beaucoup. La France luttoit alors contre l'Autriche, et l'Angleterre étoit en proie à des troubles intérieurs, qui ne lui permettoient guère d'inquiéter son ennemie. L'auteur semble profiter de cette espèce de relâche et d'intermission, pour tracer avec quelqu'étendue l'histoire des divisions politiques et religieuses qui déchiroient alors les deux royaumes, la ligue du Bien Public et le protestantisme en France, la querelle des deux Roses et le schisme en Angleterre.

La troisième et dernière partie de l'ouvrage, donnée sous le titre de *Supplément*, comprend l'histoire des rapports d'hostilité ou de bonne intelligence que les deux nations eurent entre elles, depuis les règnes de François II et d'Elisabeth, jusqu'à ceux de Louis XIV et de la reine Anne inclusivement. Un volume entier est consacré à discuter et à résoudre la question de l'innocence de Marie Stuart. L'auteur se montre tout-à-fait favorable à cette intéressante victime de la jalousie d'Elisabeth. Le détrônement et le supplice de Charles Ier., l'usurpation de Cromwell, le rétablissement de la royauté dans la personne de Charles II, l'expulsion de Jacques II, les vains et malheureux efforts de Louis XIV pour replacer ce prince sur le trône, d'où son gendre et sa fille l'avoient chassé, tous ces événemens auxquels la France prit une part plus ou moins grande, forment la matière intéressante des deux derniers volumes du *Supplément*.

Dans le cours de son histoire, l'auteur ne s'est pas borné à considérer la rivalité de la France et de l'Angleterre sous les seuls rapports de la guerre et de la politique; il a encore envisagé les deux nations dans tous les autres objets de concurrence et de parallèle, tels que l'administration intérieure, les discordes civiles, les révolutions de toute espèce, la gloire personnelle des monarques, les progrès des sciences, des lettres et des arts. La forme de l'ouvrage est simple : chaque chapitre offre un roi de France et un roi d'Angleterre en opposition, et se termine à la mort de l'un ou de l'autre. L'*Histoire de la Rivalité de la France et de l'Angleterre* obtint, lorsqu'elle parut, des suffrages universels : elle passe encore aujourd'hui pour un des bons ouvrages du siècle, et pour le meilleur de l'auteur.

En 1782, M. Gaillard publia l'*Histoire de Charlemagne*, en quatre volumes. Afin de relever la gloire de son héros, il voulut montrer tout le mal qu'il avoit eu à corriger, et qu'il corrigea en partie; c'est là l'objet des *Considérations sur la première race*, qui précèdent l'histoire. Elle est suivie de *Considérations sur la seconde race*, où l'auteur eut en vue de montrer tout le bien que les successeurs de Charlemagne avoient à détruire, et qu'ils détruisirent entièrement. On n'aperçoit pas aussi bien, il faut l'avouer, l'utilité de ce second résumé. On blâma assez vivement dans le temps M. Gaillard d'avoir ainsi placé, et en quelque manière étouffé la vie de Charlemagne entre deux histoires, dont l'une au moins y est tout à-fait étrangère. Le reproche paroissoit d'autant plus mérité, que ces deux morceaux occupent à eux seuls deux volumes; c'est-à-dire autant que l'histoire de Charlemagne elle-même. Ce défaut de proportion et d'à-propos nuit sans doute à la perfection de l'ouvrage : on ne peut disconvenir cependant que les lecteurs n'y gagnent beaucoup sous le rapport de l'instruction.

L'histoire de Charlemagne est divisée en trois livres, qui nous le montrent successivement roi, empereur et législateur. La partie militaire et politique de cette histoire est divisée à son tour par la géographie, c'est-à-dire que l'auteur y traite à part, et dans autant de chapitres différens, des guerres et des affaires de l'Italie, de l'Espagne et de la Germanie. Le troisième livre, qui nous représente Charlemagne législateur, contient dans quatre chapitres l'histoire de l'église, de la législation, de la littérature, des mœurs et des usages. Deux autres chapitres terminent ce livre; l'un a pour objet la vie privée de Charlemagne, l'autre sa mort. Après l'histoire véritable du monarque, l'auteur donne son histoire romanesque; il fait voir les rapports et les différences de l'une et de l'autre; il prouve que les romanciers, écrivant dans des temps plus ou moins postérieurs à Charlemagne, se sont plus à lui attribuer divers événemens de leur siècle. L'*Histoire de Charlemagne*, quoique justement critiquée à quelques égards, réussit beaucoup dans le public. La Harpe, dans sa *Correspondance littéraire*, en porta ce jugement: « On y reconnoît l'académicien des Inscrip-« tions, à l'étendue et à l'exactitude des re-« cherches, et l'académicien françois, à la cor-« rection du style ». Pour apprécier ce suffrage tout ce qu'il vaut, il faut se souvenir que La Harpe le consignoit dans une correspondance où sa sévérité naturelle n'étant point contenue par les bienséances et les risques de la publication, devenoit quelquefois de l'injustice et de la méchanceté.

M. Gaillard (on tient ces détails de lui-même) avoit commencé, et même poussé assez loin l'*Histoire de la Rivalité de la France et de l'Espagne*, lorsque les événemens de la révolution vinrent interrompre ses travaux, en détruisant les académies, dispersant les savans dont il empruntoit les lumières, et le forçant lui-même à la retraite et au silence. Dès que l'on commença à respirer sous une administration plus douce, il reprit son ouvrage avec ardeur, le termina bientôt, et le fit paroître en 1801. Cet ouvrage n'obtint pas dans le premier moment un succès tout-à-fait proportionné à l'intérêt du sujet et au mérite reconnu de l'auteur. Les circonstances étoient peu favorables: à peine remis des fatigues et des angoisses de la tourmente révolutionnaire, le public étoit avide d'amusement; il n'étoit point encore revenu au goût des ouvrages solides et instructifs. D'ailleurs nombre de personnes peu attentives (c'est encore M. Gaillard qui nous l'apprend), trompées par la presqu'identité du titre, crurent que l'*Histoire de la Rivalité de la France et de l'Espagne* étoit une réimpression de l'*Histoire de la Rivalité de la France et de l'Angleterre*. Enfin les journalistes, partageant et entretenant le goût du public pour les frivolités, firent à peine mention d'un ouvrage volumineux, qui ne fournissoit pas matière à un article piquant : l'auteur avoit eu de son côté le tort de ne point mettre en tête une de ces *préfaces* ou *avertissemens* qui, en expliquant sommairement le sujet d'un livre, épargnent à beaucoup de critiques la peine d'en faire l'extrait, ou même de le lire. Afin de rémédier à quelques-uns de ces inconvéniens, il se décida à faire insérer après coup, dans quelques journaux plus estimés que répandus, un *avis* concernant son histoire, qui eut alors une partie du succès dont elle étoit digne. Ayant donné jusqu'ici un aperçu rapide, mais exact, de toutes ses autres productions, je vais extraire textuellement de cet *avis* les traits essentiels, ceux qui sont les plus propres à donner une idée de l'utilité et de l'intérêt de l'ouvrage. Nul ne sauroit exposer le contenu d'un livre, mieux que celui même qui l'a composé; et la candeur de M. Gaillard est trop avérée, pour que son rapport soit suspect : d'ailleurs dans ce rapport, il ne s'agit que du fond de l'ouvrage; le public reste toujours en droit d'en juger la forme.

« La *Rivalité de la France et de l'Espagne* est sur le même plan que la *Rivalité de la France et de l'Angleterre.* Ce qu'on a fait dans celle-ci pour l'Angleterre, on le fait dans celle-là pour l'Espagne : c'est-à-dire, qu'en considérant principalement ces deux nations dans leurs rapports et leurs points de comparaison avec la France, on n'a omis sur d'autres points aucun de ces événemens importans, et pour ainsi dire caractéristiques, qui font époque et qui distinguent les nations; en sorte que chacun de ces deux ouvrages est en substance une véritable histoire, celui-ci d'Espagne, l'autre d'Angleterre, et qu'il résulte de tous deux une histoire presque complète de la France, et vraiment complète dans ses rapports avec deux grandes puissances rivales, assez souvent réunies contr'elle ».

« Le dernier ouvrage, considéré comme histoire d'Espagne, a même sur le premier, considéré comme histoire d'Angleterre, l'avantage d'être encore plus nécessaire : l'histoire d'Angleterre, écrite à présent par plusieurs auteurs distingués, est plus généralement connue; celle d'Espagne l'est à peine, et nous n'avons en françois aucun ouvrage où il soit facile et agréable de l'apprendre ».

« Cette histoire d'Espagne est en même temps, à beaucoup d'égards, une histoire d'Italie, parce que les royaumes de Naples et de Sicile ont été les principaux objets de la rivalité de la France et de l'Espagne, et parce que l'Italie a été le théâtre des expéditions qu'a entraînées cette rivalité, soit du temps de la maison de Su:be, soit du temps de la maison d'Arragon, soit enfin du temps de la maison d'Autriche ».

« Un avantage assez considérable, propre au nouvel ouvrage, consiste en divers morceaux d'histoire entièrement inconnus jusqu'à présent, et tirés des manuscrits de la Bibliothèque nationale ».

« Telles sont, par exemple, dans le troisième volume, les négociations relatives au royaume de Majorque et à ses dépendances, entre les ambassadeurs du duc d'Anjou, frère de notre sage roi Charles V, lesquels réclamoient ce royaume pour leur maître, et le roi d'Arragon qui en étoit l'usurpateur. Les artifices de ce roi, ses dilations éternelles, ses propositions captieuses, ses feintes de vouloir reprendre les négociations quand il avoit forcé de les abandonner; la patience avec laquelle le roi de Castille, Henri de Transtamare, médiateur de cette querelle, ami sincère de la France, mais dont le fils étoit gendre du roi d'Arragon, suit ce prince astucieux dans tous ses subterfuges; l'adresse amicale avec laquelle il retient dans cette négociation les ambassadeurs françois mille fois rebutés des lenteurs étudiées et des promesses toujours violées du roi d'Arragon, la franchise avec laquelle, convaincu enfin de la mauvaise foi de ce roi, il se livre au duc d'Anjou; tout cela forme un tableau instructif en politique, et agréable à considérer comme jeu des passions humaines ».

« Un tableau plus original et plus piquant encore, est celui que présente, dans le même volume, ce juge ou prince d'Arborée, ce fier et sauvage insulaire, ignoré jusqu'à présent, qui en use si singulièrement envers les ambassadeurs du duc d'Anjou, et dont la conduite forme en tout point le plus parfait contraste avec la politique des princes de l'Europe ».

« Telles sont encore, dans le cinquième volume, les négociations avec l'Espagne, sous notre roi Henri III, après l'assassinat des Guises; et, dans le sixième tome, des correspondances moitié politiques, moitié galantes, très-curieuses, entre notre Henri IV et la reine Elisabeth d'Angleterre, et aussi des détails sur la fameuse ambassade de M. de Brèves à Constantinople. Le tout peu ou point connu ».

« Telle est encore, à la fin de l'ouvrage, la notice d'un voyage des François dans la Floride, objet de rivalité entre l'Espagne et la France, expédition inconnue jusqu'à présent, et dont les détails n'ont que trop d'intérêt ».

M. Gaillard, après avoir ainsi désigné les faits qui avoient le mérite d'être restés ignorés jusqu'alors, indique ceux qui, suivant sa propre expression, appartiennent à l'histoire commune. Je ne transcrirai point ici l'analyse presque complète qu'il donne du contenu de chaque volume. Il paroît inutile, aujourd'hui, d'entrer dans un si grand détail sur la matière d'un livre, dont les moins instruits peuvent déjà facilement présumer l'importance et le mérite, d'après ce qui vient d'en être dit. Tout le monde connoît, au moins vaguement, cette rivalité acharnée des première et seconde maisons d'Anjou et d'Arragon, se disputant les royaumes de Naples et de Sicile; ce long et violent débat qui, pour me servir des termes d'un critique estimé (l'abbé de Vauxcelles), fut le scandale de la papauté, des couronnes, des nations et de la chevalerie elle-même; cette lutte cruelle, qui inonda de sang les belles contrées de l'Italie, et les fit trop justement nommer le *Tombeau des François*. Qui pourroit n'être pas curieux d'en apprendre les détails, aujourd'hui surtout que le même pays vient d'être le théâtre d'une nouvelle guerre presque entre les mêmes combattans ?

L'*Introduction* qui précède l'*Histoire de la Rivalité de la France et de l'Espagne*, est peut-être un des meilleurs morceaux qui soient sortis de la plume de l'auteur. Remontant aux premières notions que les écrivains de l'antiquité nous ont données de l'Espagne, il nous la montre d'abord soumise en partie aux Carthaginois, puis enlevée à ceux-ci par les Romains, qui finissent par se la disputer entr'eux. Après la chute de l'Empire romain, nous voyons cette presqu'île fameuse devenir la proie des Visigoths, ensuite celle des Maures qui se la partagent, et, après une longue possession, en sont expulsés sans retour par ces mêmes Goths qu'ils avoient subjugués. Une politique mal entendue la divise bientôt en un grand nombre de petits royaumes qui s'entrechoquent, se réunissent, avec le temps, par des alliances ou des conquêtes, et forment enfin cette puissance qui devient la rivale redoutable de la nôtre. Ce tableau rapide et animé de tant de siècles et de révolutions, est renfermé dans moins de deux cents pages.

M. Gaillard fut chargé de rédiger le *Dictionnaire historique* de l'*Encyclopédie méthodique*. Cette partie avoit été traitée fort incomplètement dans le *Supplément* de la première *Encyclopédie*. La plupart des articles que M Gaillard emprunta à ce supplément, furent tellement remaniés par lui, qu'il put les considérer comme son propre ouvrage. Il porta dans ce travail les mêmes principes de justice et d'humanité qui l'avoient dirigé dans toutes ses autres compositions historiques. « Je veux, » dit-il dans son *Discours préliminaire*, purger » l'histoire de cet éloge perpétuel des guerres, » des conquêtes, des victoires et du faste rui» neux des rois; de cette admiration pour le » crime insolent et pour le crime adroit, sur» tout de ce principe si pernicieux, qu'il y a » une morale pour les Etats, et une pour les » particuliers; que la politique peut se passer » de la justice, se séparer de la bonne foi, et » admettre le mensonge et le crime. On diroit, » à entendre les politiques machiavélistes, que » les hommes d'Etat se sont réservé le crime, » comme Dieu s'est réservé la vengeance ». On évalue à plus des trois-quarts la part réelle que M. Gaillard eut à la rédaction de ce *Dictionnaire*, qui forme six gros volumes in-4°., divisés en douze parties.

Il faut mettre encore au nombre de ses ouvrages historiques, les *Mémoires* qu'il inséra dans les tomes 1, 2, 30, 35, 39 et 43 du *Recueil de l'Académie des Inscriptions et Belles-Lettres*, et les articles qu'il fournit à la *Notice des Manuscrits de la Bibliothèque du Roi*. Cette *Notice* étoit le fruit d'une belle institution dont M. le baron de Breteuil étoit l'auteur. Sur l'invitation de ce ministre, l'Académie des Inscriptions avoit nommé un comité chargé d'examiner et d'analyser les manuscrits en tout genre de la Bibliothèque; et l'examen de ceux qui concernoient l'histoire, avoit été confié en partie à M. Gaillard.

En 1782, il avoit écrit, d'après les mémoires du temps et les papiers de la famille, une *Vie du premier président de Lamoignon*, qui fut mise à la suite d'une édition nouvelle des *Arrêtés* de ce magistrat, et aussi à la suite de l'*Histoire de Charlemagne*. En 1805, il publia la *Vie de M. de Malesherbes*, composée en partie d'après ses propres souvenirs. Cette vie fut son dernier ouvrage. Il ne demandoit plus au ciel que le temps et la force de l'achever. Ce vœu touchant est exprimé dans l'heureuse épigraphe qu'il a choisie :

> *Extremum hunc, Arethusa, mihi concede laborem;*
> *Pauca meo Gallo.*

Ce seroit peut-être rester au-dessous de la vérité, que d'évaluer à quatre-vingts volumes *in*-12 tout ce qui est sorti de la plume de M. Gaillard. Soixante ans de travail continu, une vie absolument sédentaire, une grande facilité naturelle augmentée par un long exercice, une mémoire féconde et sûre, qui fournissoit sans cesse à l'esprit et dispensoit du soin de vérifier ce qu'elle offroit, tout cela explique suffisamment cette espèce de phénomène, et ne laisse rien à conclure contre la perfection relative d'une si grande quantité d'ouvrages. M. Gaillard, doué d'une âme honnête, d'un esprit régulier et d'un goût difficile, travailloit en conscience : on pouvoit être content de ce qui l'avoit satisfait lui-même. Ses principales qualités, comme écrivain, étoient la pureté, l'élégance et la lucidité. J'ai déjà remarqué qu'il étoit trop abondant, et j'en ai dit les raisons : au reste, ses digressions sont toujours instructives ou amusantes, de même que ses citations sont toujours heureuses par le choix et l'application.

M. Gaillard obtint de son travail un des plus doux fruits qu'il en pût retirer, l'indépendance. Ses économies le mirent à même de n'avoir besoin ni du Gouvernement, ni de ses amis, ni des libraires. Il avoit fait, à Saint-Firmin près de Chantilly, l'acquisition d'une petite maison, où il passa les temps les plus orageux de la révolution. Dès la pointe du jour il s'enfonçoit dans la belle forêt de Chantilly, avec des livres, du papier, des plumes, de l'encre et quelques alimens; il s'asseyoit au pied d'un arbre, et là il travailloit jusqu'à la nuit. Ce genre de vie lui devint funeste : une partie de son corps fut frappée de paralysie. La goutte se joignit à cette infirmité. Forcé de rester chez lui, il n'en travailla que davantage. Sa goutte étant venue à remonter, il mourut le 13 février 1806, dans sa maison de Saint-Firmin, entre les bras d'une sœur qu'il chérissoit tendrement, et d'une religieuse âgée, qu'il avoit recueillie chez lui, et dont il a assuré l'existence par son testament. Il s'en falloit d'un mois et quelques jours, qu'il eût atteint sa quatre-vingtième année.

Sa maison étoit assez voisine de celle où l'abbé Prévost, tombé seulement en apoplexie, avoit péri misérablement sous le scalpel d'un chirurgien qui l'avoit cru mort. L'abbé Prévost avoit eu cette attaque dans la même forêt où M. Gaillard avoit été atteint de sa paralysie; M. Gaillard, que ce rapprochement frappoit, et qui avoit d'ailleurs à craindre que la première de ces maladies ne le conduisît à l'autre, avoit demandé que l'on gardât son corps pendant trois jours, sans l'ouvrir ni l'enterrer. On a eu religieusement égard à cette recommandation.

FIN DE LA NOTICE.

HISTOIRE

www.ingramcontent.com/pod-product-compliance
Ingram Content Group UK Ltd.
Pitfield, Milton Keynes, MK11 3LW, UK
UKHW020512180726
13839UKWH00005B/2035

9 782329 559568